RICO DESIGN

Zauberhafte Blütenpracht

Floral splend
Parure flora
Zeg het met blo

W0241449

26

STICKIDEEN VON • EMBROIDERY IDEAS BY
IDÉES DE BRODERIE DE • BORDUURIDEETJES VAN

Margrit Scharlau

Symbolerklärung
D: Tischdecke A: Aidabänder Q: Zählstoff/Stoff S: Satinbänder ✂: Zuschnitt

Key to symbols
D: tablecloth A: aida bands Q: evenweave fabric/fabric S: ribbons
✂: Size of material required

Explication des symboles
D: nappe A: bandes aida Q: toile pour point de croix compté/toile S: rubans
✂: Dimensions de la fourniture

Symboolverklaring
D: tafelkleed A: aidaband Q: telstof/stof S: lintjes ✂: Afmeting benodigd stoff

Waschanleitung • Washing instruction
Instructions de lavage • Wasvoorschrift

60°

Bezugsquellen-Nachweis befindet sich auf der letzten Seite. • List of materials and supplies on last page.
Pour commander les fournitures, voir dernière page. • Voor verkoopinformatie zie laatste pagina.

Design: 73057
Tischdecke/weiß • White tablecloth • Nappe blanche • Tafelkleed/wit: **90/90 cm,** D: **Art. 17268.50.21**
Schleife • Bow • Noeud • Strikje: **12/170 cm,** A: **Art. 21174.00.09** weiß • white • blanc • wit,
S: **Art. 22015.00.09** rot • red • rouge • rood, **Art. 22006.04.95** grün • green • vert • groen, ✂ **120 cm**

Design: 73064

Tischdecke/reseda • Light green tablecloth • Nappe verte pâle • Tafelkleed/lichtgroen: **90/90 cm,**
D: **Art. 17272.50.21**
Schleife • Bow • Noeud • Strikje: **5/70 cm,** A: **Art. 21271.00.09** weiß • white • blanc • wit,
S: **Art. 22006.06.45** gelb • yellow • jaune • geel, **Art. 22006.05.47** grün • green • vert • groen, ✂ **70 cm**

Design: 73057

Tischdecke • Tablecloth • Nappe • Tafelkleed

Sticktwist und Garnverbrauch in ganzen Strängchen
Amount of thread required in skeins
Fournitures et métrage
Benodigd garen in strengen

275	1 x	260	3 x
293	1 x	• 261	3 x
6	2 x	• 262	3 x
9	2 x	• 370	1 x
11	2 x	• 381	1 x
• 13	2 x		

Anchor Sticktwist von Coats Mez

4-fädig sticken/ • Konturen 2-fädig
•
Stitch using 4 strands of embroidery thread/
• use 2 strands for back-stitch
•
A broder avec 4 brins/ • contours avec 2 brins
•
Met 4 draadjes splijtgaren borduren/
• stiksteken met 2 draadjes

Mit dem Sticken von der Ecke aus beginnen.
•
Use the diagonal line as a guide when counting and stitching the corner designs.
•
La ligne diagonale indique le centre du motif et sert à vous aider à compter et broder le dessin d'angle.
•
De hoekmotiven vanaf de diagonale lijn borduren.

Schleife • Bow • Noeud • Strikje

Sticktwist und Garnverbrauch in ganzen Metern • Amount of thread required in meters • Fournitures métrage Benodigd garen in meters

275	3 m
293	3 m
6	3 m
• 9	3 m
11	4 m
• 13	4 m
260	4 m
261	6 m
• 262	4 m
• 370	3 m
• 381	3 m

2-fädig sticken/ • Konturen 1-fädig Stickbeginn: 10 cm von der Schnittkante

•

Stitch using 2 strands of embroidery thread/ • use 1 strand for back-stitch. Begin stitching 10 cm from the cut edge.

•

A broder avec 2 brins/ • contours avec 1 brin. Commencer la broderie à 10 cm du bord.

•

Met 2 draadjes splijtgaren borduren/ • stiksteken met 1 draadje. Begin met borduren 10 cm vanaf de kant

Motiv-Mitte • centre of design • centre du motif midden van het motief

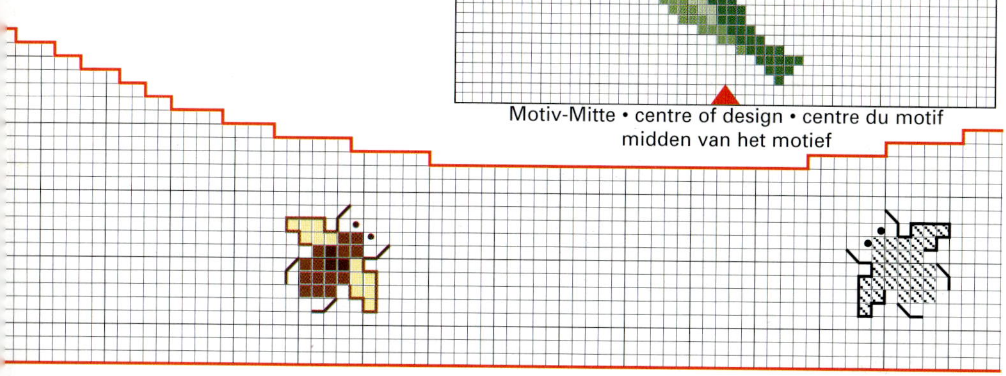

Design: 73064

Tischdecke • Tablecloth • Nappe • Tafelkleed

Sticktwist und Garnverbrauch in ganzen Strängchen
Amount of thread required in skeins
Fournitures et métrage
Benodigd garen in strengen

weiß • white • blanc • wit

1	4 x	**265**	5 x
301	2 x	**267**	5 x
314	2 x	• **269**	2 x
• **316**	2 x	**403**	1 x
46	1 x		

Anchor Sticktwist von Coats Mez

4-fädig sticken/ • Konturen 2-fädig
•
Stitch using 4 strands of embroidery thread/
• use 2 strands for back-stitch
•
A broder avec 4 brins/ • contours avec 2 brins
•
Met 4 draadjes splijtgaren borduren/
• stiksteken met 2 draadjes

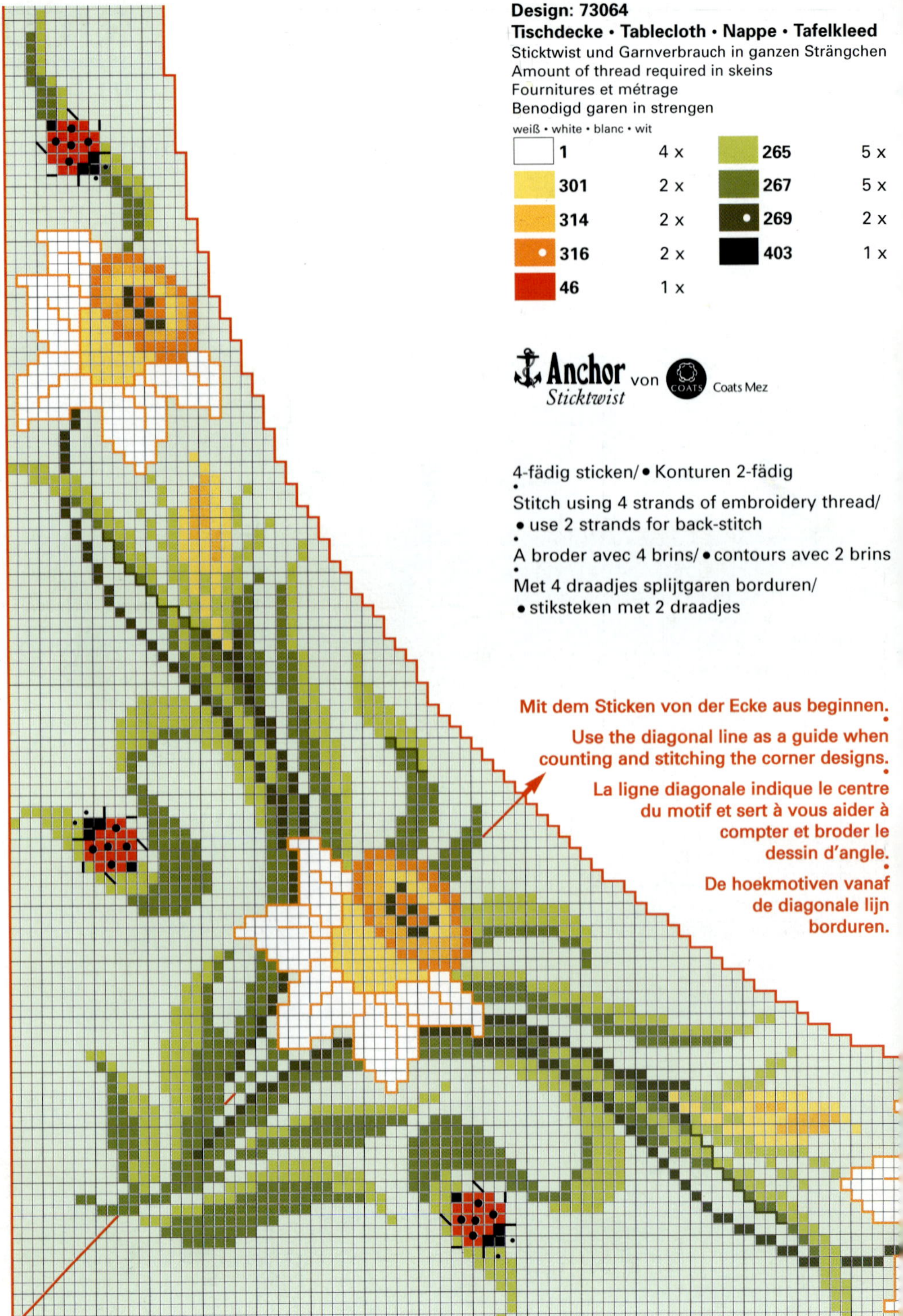

Mit dem Sticken von der Ecke aus beginnen.
•
Use the diagonal line as a guide when counting and stitching the corner designs.
•
La ligne diagonale indique le centre du motif et sert à vous aider à compter et broder le dessin d'angle.
•
De hoekmotiven vanaf de diagonale lijn borduren.

Motiv-Mitte • centre of design • centre du motif • midden van het motief

RICO DESIGN

Schleife • Bow • Noeud • Strikje

Sticktwist und Garnverbrauch in ganzen Metern • Amount of thread required in meters • Fournitures métrage • Benodigd garen in meters

weiß • white • blanc • wit

1	3 m
301	2 m
314	2 m
316	2 m
46	2 m
265	3 m
267	3 m
269	3 m
403	2 m

2-fädig sticken/ • Konturen 1-fädig. Stickbeginn: 5 cm von der Schnittkante.

•

Stitch using 2 strands of embroidery thread/ • use 1 strand for back-stitch. Begin stitching 5 cm from the cut edge.

•

A broder avec 2 brins/ • contours avec 1 brin. Commencer la broderie à 5 cm du bord.

•

Met 2 draadjes splijtgaren borduren/ • stiksteken met 1 draadje. Begin met borduren 5 cm vanaf de kant.

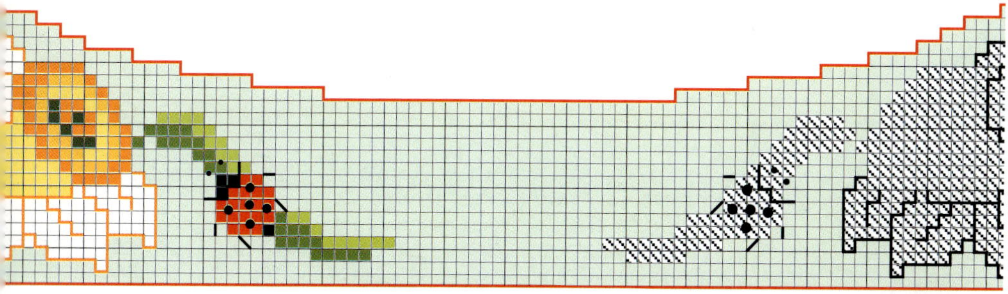

Design: 73063

Tischdecke/gelb • Yellow tablecloth • Nappe jaune • Tafelkleed/geel: **90/90 cm,** D: **Art. 17271.50.21**
Schleife • Bow • Noeud • Strikje: **12/170 cm,** A: **Art. 21174.00.09** weiß • white • blanc • wit,
S: **Art. 22015.02.32** blau • blue • bleu • blauw, **Art. 22006.04.95** grün • green • vert • groen, ✂ **120 cm**
Dekoration • Decoration • Décoration • Decoratie: **3 x 5/5 cm,** Q: **Art. 17231.11.94** weiß • white • blanc • wit,
✂ **14/30 cm,** S: **Art. 22003.06.45** gelb • yellow • jaune • geel, ✂ **3 x 25 cm**

Schleife • Bow • Noeud • Strikje

Sticktwist und Garnverbrauch in ganzen Metern • Amount of thread required in meters • Fournitures métrage • Benodigd garen in meters

weiß • white • blanc • wit

1	3 m
297	3 m
75	3 m
42	3 m
• 43	3 m
108	3 m
110	3 m
• 102	3 m
130	3 m
131	3 m
• 132	4 m
266	6 m
861	6 m

Anchor
Sticktwist
von
COATS Coats Mez

2-fädig sticken/ • Konturen 1-fädig. Stickbeginn: 10 cm von der Schnittkante.

•

Stitch using 2 strands of embroidery thread/ • use 1 strand for back-stitch. Begin stitching 10 cm from the cut edge.

•

A broder avec 2 brins/ • contours avec 1 brin. Commencer la broderie à 10 cm du bord.

•

Met 2 draadjes splijtgaren borduren/ • stiksteken met 1 draadje. Begin met borduren 10 cm vanaf de kant.

Motiv-Mitte
centre of design
centre du motif
midden van het motief

Design: 73063

Tischdecke • Tablecloth • Nappe • Tafelkleed

Sticktwist und Garnverbrauch in ganzen Strängchen
Amount of thread required in skeins
Fournitures et métrage
Benodigd garen in strengen

weiß • white • blanc • wit

1	1 x	**• 102**	1 x
297	1 x	**130**	2 x
75	2 x	**131**	1 x
• 42	2 x	**• 132**	2 x
• 43	2 x	**266**	2 x
108	1 x	**• 861**	2 x
110	2 x		

Anchor Sticktwist von Coats Mez

4-fädig sticken/• Konturen 2-fädig

Stitch using 4 strands of embroidery thread/
• use 2 strands for back-stitch

A broder avec 4 brins/• contours avec 2 brins

Met 4 draadjes splijtgaren borduren/
• stiksteken met 2 draadjes

Mit dem Sticken von der Ecke aus beginnen.

Use the diagonal line as a guide when counting and stitching the corner designs.

La ligne diagonale indique le centre du motif et sert à vous aider à compter et broder le dessin d'angle.

De hoekmotiven vanaf de diagonale lijn borduren.

RICO DESIGN

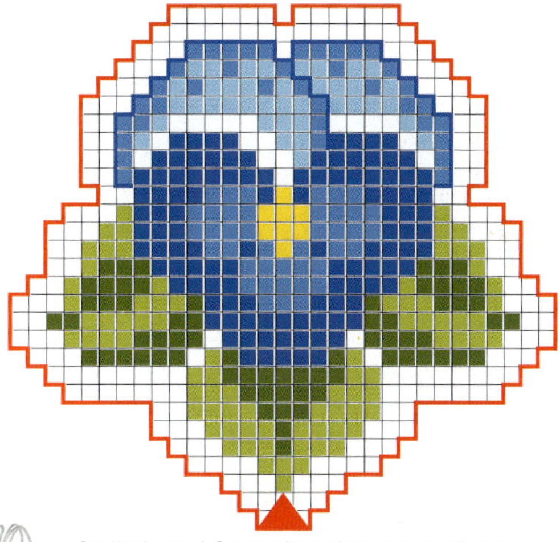

Sticktwist und Garnverbrauch in ganzen Metern
Amount of thread required in meters
Fournitures métrage
Benodigd garen in meters

weiß • white • blanc • wit

1	2 m	• 102	2 m
297	2 m	130	2 m
75	2 m	131	2 m
42	2 m	• 132	3 m
• 43	2 m	266	3 m
108	2 m	861	3 m
110	2 m		

2-fädig sticken/• Konturen 1-fädig. Nach dem Sticken auf die Rückseite Vlieseline bügeln, in 3 mm Abstand zur Stickerei den Stoff abschneiden.

•

Stitch using 2 strands of embroidery thread/• use 1 strand for back-stitch. After completion of the embroidery iron vilene onto the back. Cut around the contours of the figures, 3 mm from the edge of the embroidery.

•

A broder avec 2 brins/• contours avec 1 brin. Après bordure, thermocoller le dos de l'ouvrage et couper le tissu à 3 mm de la broderie.

•

Met 2 draadjes splijtgaren borduren/• stiksteken met 1 draadje. Na het borduren op de achterzijde Vlieseline strijken, op 3 mm van het borduursel afsnijden.

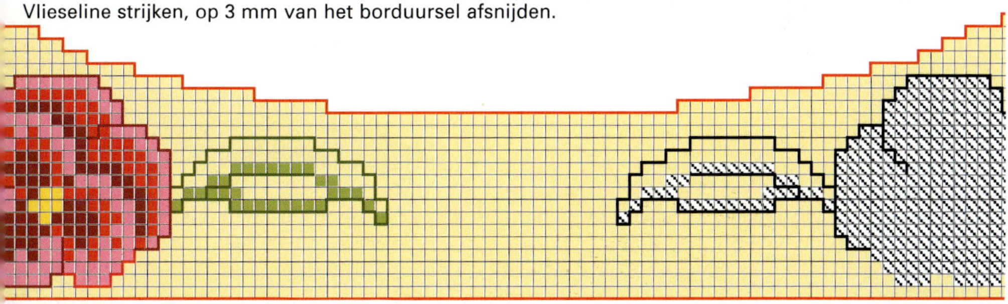

Design: 73059

Tischdecke/crème • Cream tablecloth • Nappe crème • Tafelkleed/crème: **90/90 cm,** D: **Art. 17269.50.21**
Kissen • Cushion • Coussin • Kussen: **40/40 cm,** Q: **Art. 17231.11.94** weiß • white • blanc • wit, ✂ **40/40 cm**
Q: **Art. 17016.11.98** grün • green • vert • groen, ✂ **56/110 cm,** S: **Art. 22015.05.22** grün • green • vert • groen,
✂ **110 cm**

Design: 73060
Tischdecke/blau • Blue tablecloth • Nappe bleue • Tafelkleed/blauw: **90/90 cm,** D: **Art. 17270.50.21**
Band • Band • Bande • Band: **12/250 cm,** A: **Art. 21174.00.09** weiß • white • blanche • wit,
S: **Art. 22040.70.18** blau • blue • bleu • blauw, **Art. 22015.02.32** hellblau • light blue • bleu pâle • lichtblauw, ✂ **120 cm**
Bild • Picture • Tableau • Beeld: **17/17 cm,** Q: **Art. 17231.11.94** weiß • white • blanc • wit, ✂ **27/27 cm**
Rahmen/blau • Frame/blue • Cadre en bois/bleu • Houtenlijst/blauw: **Art. 05091.00.28**

Design: 73059

Tischdecke • Tablecloth • Nappe • Tafelkleed

Sticktwist und Garnverbrauch in ganzen Strängchen
Amount of thread required in skeins
Fournitures et métrage
Benodigd garen in strengen

weiß • white • blanc • wit

1	3 x	**297**	1 x
234	2 x	**387**	3 x
108	2 x	**261**	3 x
110	3 x	**268**	3 x
102	2 x		

Anchor Sticktwist von Coats Mez

4-fädig sticken/ • Konturen 2-fädig
•
Stitch using 4 strands of embroidery thread/ • use 2 strands for back-stitch
•
A broder avec 4 brins/ • contours avec 2 brins
•
Met 4 draadjes splijtgaren borduren/ • stiksteken met 2 draadjes

Mit dem Sticken von der Ecke aus beginnen.
•
Use the diagonal line as a guide when counting and stitching the corner designs.
•
La ligne diagonale indique le centre du motif et sert à vous aider à compter et broder le dessin d'angle.
•
De hoekmotiven vanaf de diagonale lijn borduren.

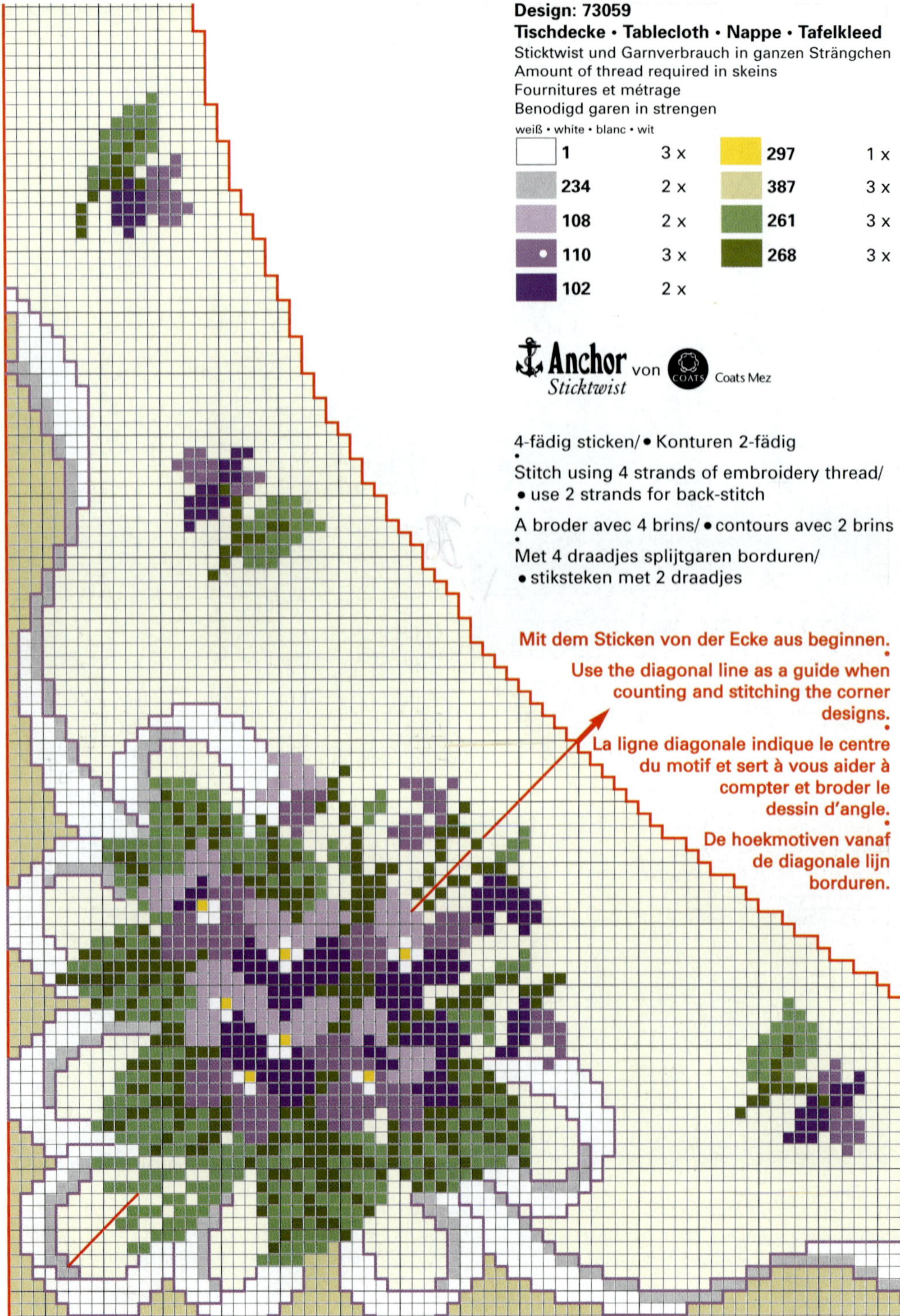

RICO DESIGN

Kissen • Cushion • Coussin • Kussen

Sticktwist und Garnverbrauch in ganzen Metern • Amount of thread required in meters • Fournitures métrage • Benodigd garen in meters

weiß • white • blanc • wit

1	3 m	108	3 m	297	2 m
234	3 m	110	4 m	387	3 m
		102	3 m	262	4 m
				268	3 m

2-fädig sticken/• Konturen 1-fädig
Nähanleitung Seite 36.

Stitch using 2 strands of embroidery thread/• use 1 strand for back-stitch
Sewing instructions on page 36.

A broder avec 2 brins/• contours avec 1 brin
Instructions de couture voir page 36.

Met 2 draadjes splijtgaren borduren/• stiksteken met 1 draadje
Naai-instructies op pagina 36.

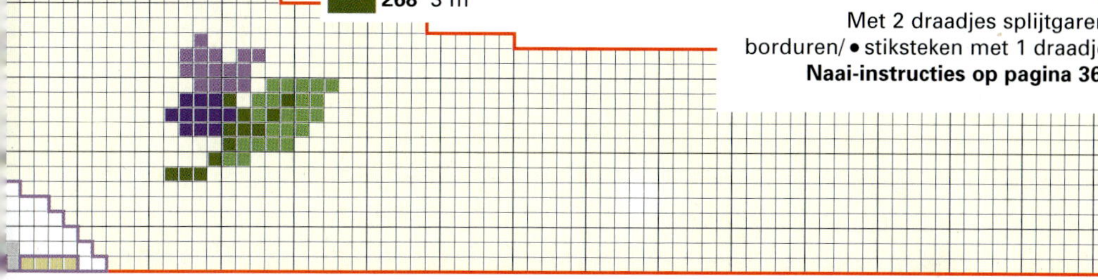

Design: 73060

Tischdecke • Tablecloth • Nappe • Tafelkleed

Sticktwist und Garnverbrauch in ganzen Strängchen
Amount of thread required in skeins
Fournitures et métrage
Benodigd garen in strengen

weiß • white • blanc • wit

1	3 x	**215**	3 x
130	5 x	**217**	4 x
131	3 x		
132	2 x		

Anchor Sticktwist von COATS Coats Mez

4-fädig sticken/• Konturen 2-fädig
•
Stitch using 4 strands of embroidery thread/
• use 2 strands for back-stitch
•
A broder avec 4 brins/• contours avec 2 brins
•
Met 4 draadjes splijtgaren borduren/
• stiksteken met 2 draadjes

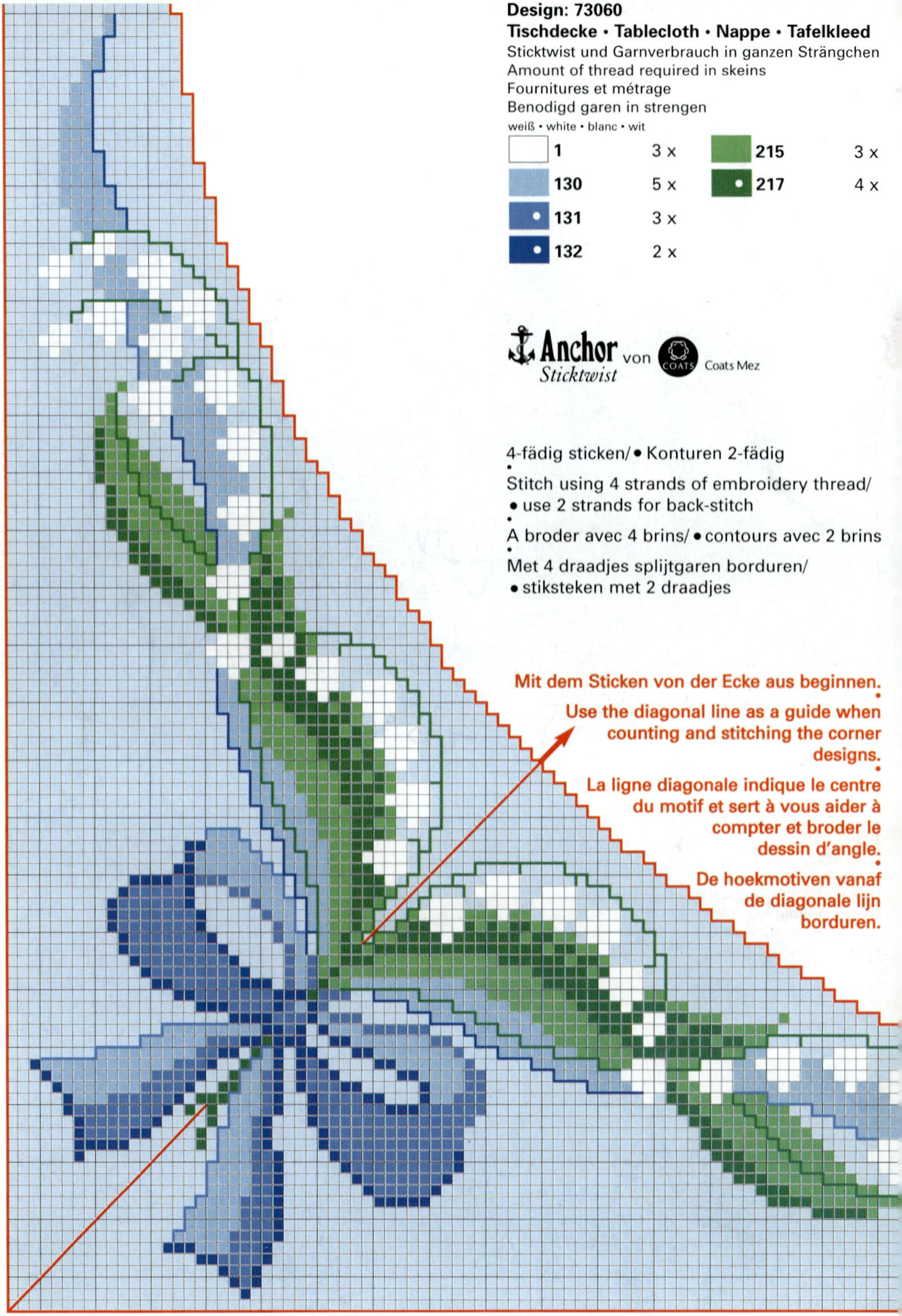

Mit dem Sticken von der Ecke aus beginnen.
•
Use the diagonal line as a guide when counting and stitching the corner designs.
•
La ligne diagonale indique le centre du motif et sert à vous aider à compter et broder le dessin d'angle.
•
De hoekmotiven vanaf de diagonale lijn borduren.

Bild • Picture • Tableau • Beeld

Sticktwist und Garnverbrauch in ganzen Metern
Amount of thread required in meters
Fournitures métrage • Benodigd garen in meters

weiß • white • blanc • wit

1 6 m	131 4 m	215 3 m
130 3 m	132 3 m	217 4 m

2-fädig sticken/ • Konturen 1-fädig
•
Stitch using 2 strands of embroidery thread/ • use 1 strand for back-stitch
•
A broder avec 2 brins/ • contours avec 1 brin
•
Met 2 draadjes splijtgaren borduren/ • stiksteken met 1 draadje

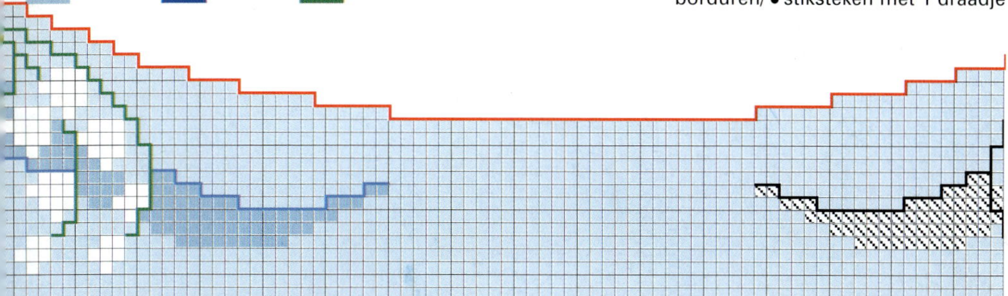

Design: 73060
Band • Band • Bande • Band

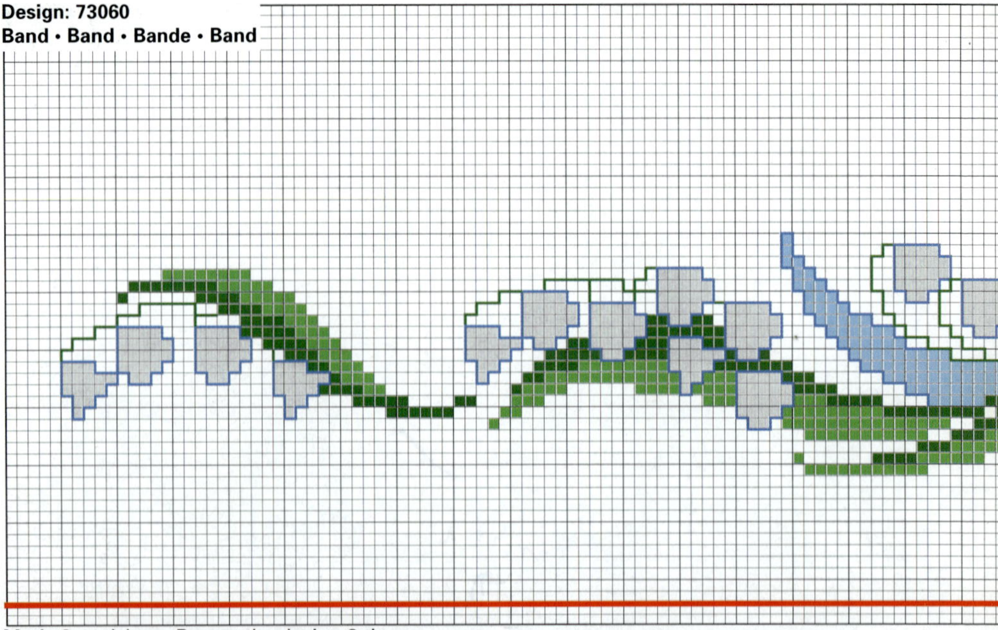

Motiv 3 x sticken • Repeat the design 3 times.
Répéter le dessin 3 fois. • Heerhaal het patroon 3 keer.

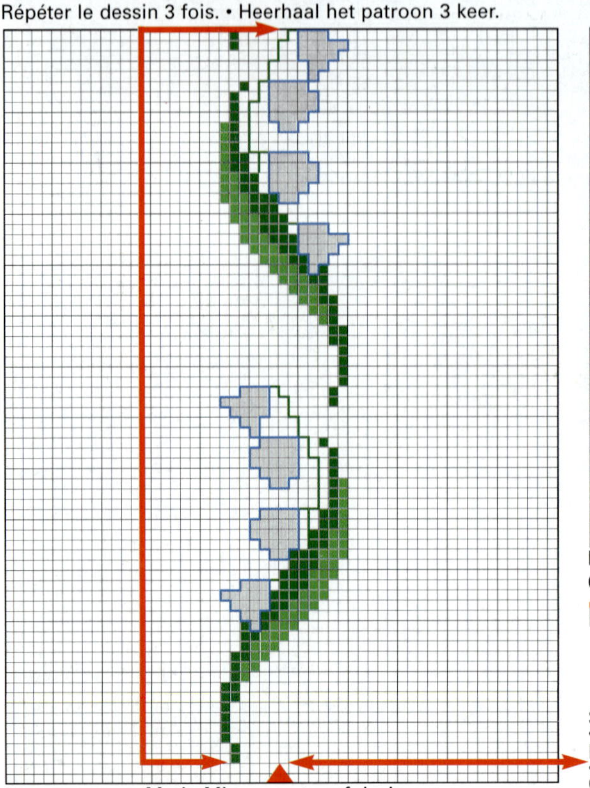

Motiv-Mitte • centre of design
centre du motif • midden van het motief

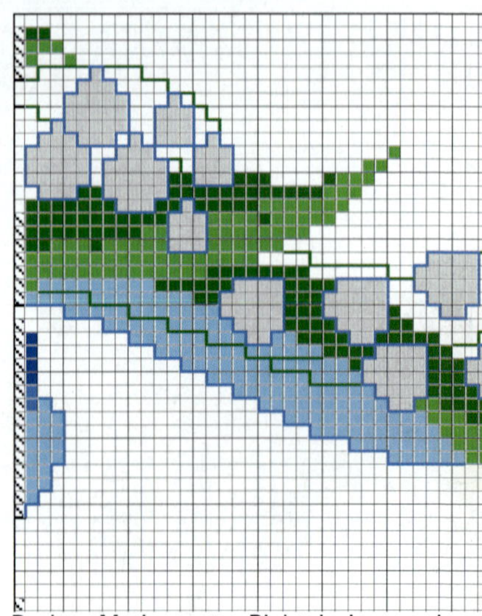

Rechter Motivansatz • Right design overlap
Continuation à droite du motif • Rechter vervo

Stickbeginn: 10 cm von der Schnittkante
•
Begin stitching 10 cm from the cut edge.
•
Commencer la broderie à 10 cm du bord.
•
Begin met borduren 10 cm vanaf de kant

RICO DESIGN

Motiv-Mitte • centre of design
centre du motif • midden van het motief

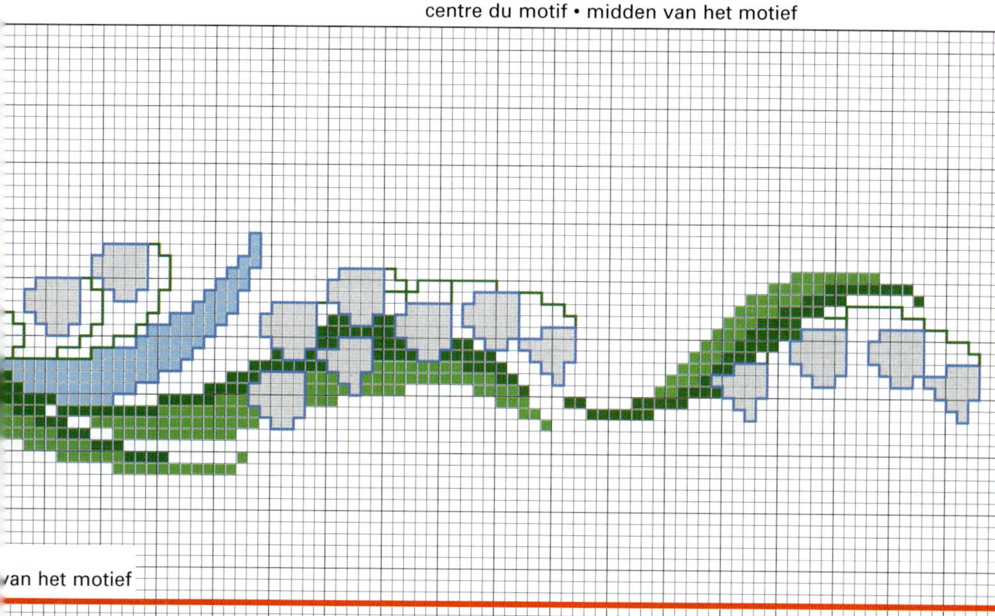

Band • Band • Bande • Band

Sticktwist und Garnverbrauch in ganzen Metern
Amount of thread required in meters
Fournitures métrage • Benodigd garen in meters
weiß • white • blanc • wit

1 11 m	131 6 m	215 7 m
130 4 m	132 3 m	217 10 m

Anchor Sticktwist von Coats Mez

2-fädig sticken/• Konturen 1-fädig

Stitch using 2 strands of embroidery thread/• use 1 strand for back-stitch

A broder avec 2 brins/• contours avec 1 brin

Met 2 draadjes splijtgaren borduren/• stiksteken met 1 draadje

Design: 73056
Tischdecke/weiß • White tablecloth • Nappe blanche • Tafelkleed/wit: **90/90 cm,** D: **Art. 17268.50.21**
Bild • Picture • Tableau • Beeld: **17/17 cm,** Q: **Art. 17231.11.94** weiß • white • blanc • wit, ✂ **27/27 cm**
Rahmen/blau • Frame/blue • Cadre en bois/bleu • Houtenlijst/blauw: **Art. 05091.00.28**

Design: 73065
Tischdecke/reseda • Light green tablecloth • Nappe verte pâle • Tafelkleed/lichtgroen: **90/90 cm,**
D: **Art. 17272.50.21**
Bild • Picture • Tableau • Beeld: **18/27 cm,** Q: **Art. 17280.15.98** Leinen gebleicht • cream linen • toile de lin écru • ecrukleurig borduurlinnen, ✂ **28/34 cm**
Rahmen/grün • Frame/green • Cadre en bois/verte • Houtenlijst/groen: **Art. 05093.00.93**

Design: 73056

Tischdecke • Tablecloth • Nappe • Tafelkleed

Sticktwist und Garnverbrauch in ganzen Strängchen
Amount of thread required in skeins
Fournitures et métrage
Benodigd garen in strengen

weiß • white • blanc • wit

1	1 x	**132**	1 x
66	2 x	**261**	1 x
130	5 x	**217**	4 x
131	2 x	**360**	1 x

Anchor Sticktwist von Coats Mez

4-fädig sticken/• Konturen 1-fädig
•
Stitch using 4 strands of embroidery thread/
• use 1 strand for back-stitch
•
A broder avec 4 brins/• contours avec 1 brin
•
Met 4 draadjes splijtgaren borduren/
• stiksteken met 1 draadje

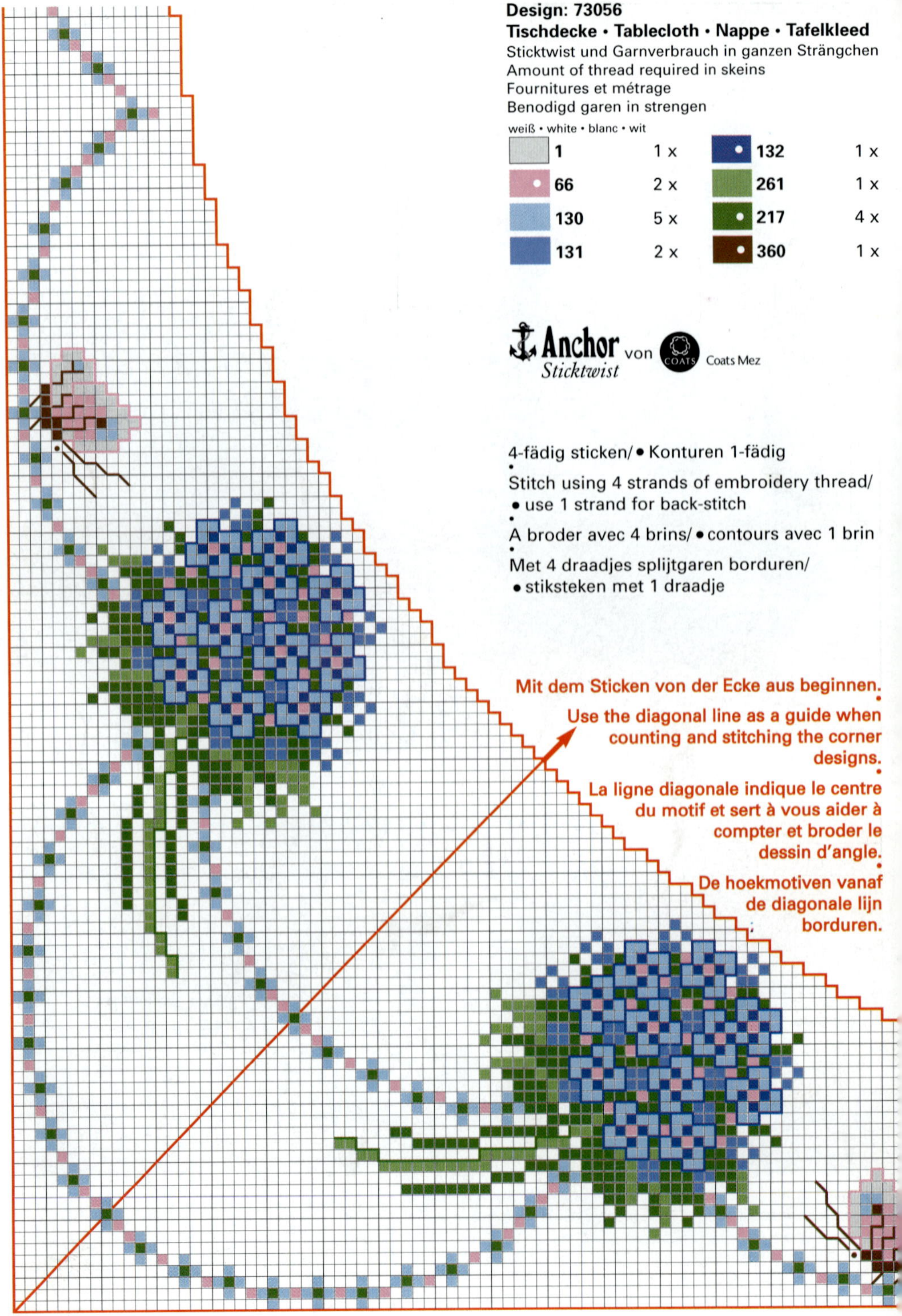

Mit dem Sticken von der Ecke aus beginnen.
•
Use the diagonal line as a guide when counting and stitching the corner designs.
•
La ligne diagonale indique le centre du motif et sert à vous aider à compter et broder le dessin d'angle.
•
De hoekmotiven vanaf de diagonale lijn borduren.

RICO DESIGN

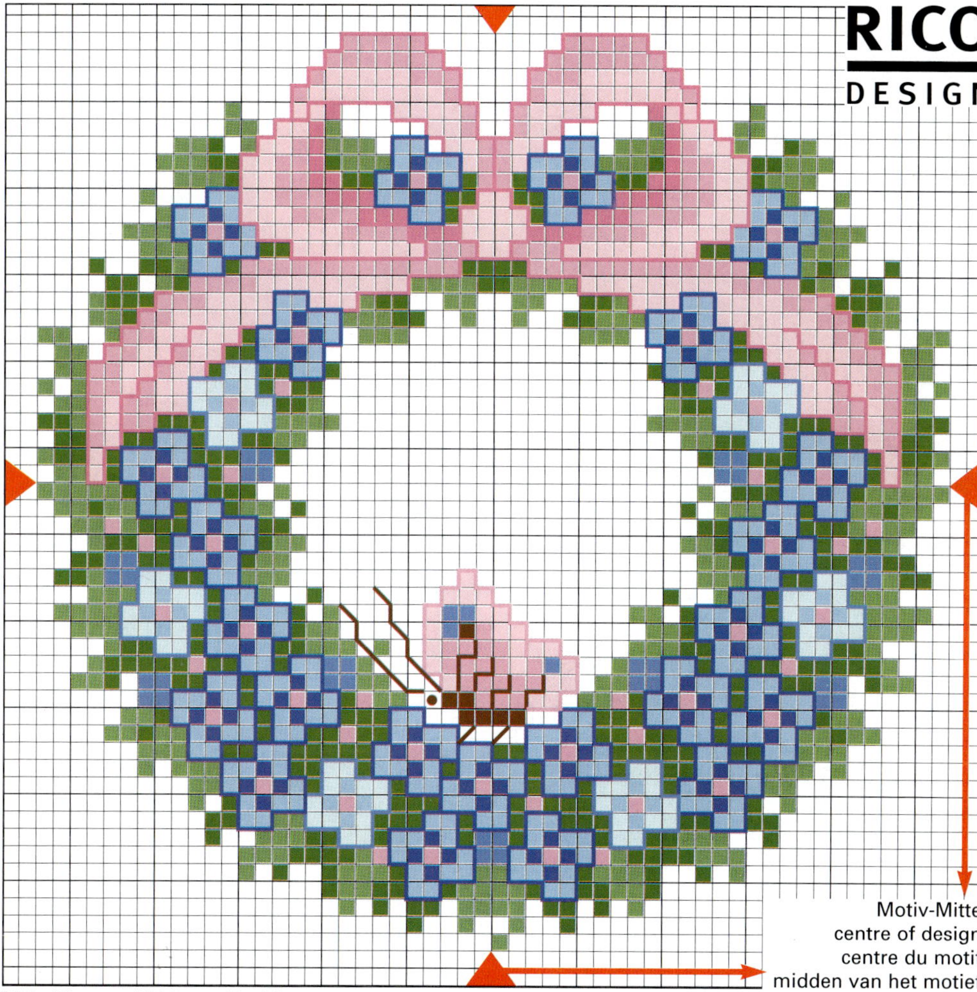

Bild • Picture • Tableau • Beeld

Sticktwist und Garnverbrauch in ganzen Metern
Amount of thread required in meters
Fournitures métrage • Benodigd garen in meters

73	3 m	68 •	2 m	132 •	2 m
66 •	3 m	128	2 m	261	3 m
		130	3 m	217	3 m
		131	2 m	360 •	3 m

2-fädig sticken/• Konturen 1-fädig

Stitch using 2 strands of embroidery thread/• use 1 strand for back-stitch

A broder avec 2 brins/• contours avec 1 brin

Met 2 draadjes splijtgaren borduren/• stiksteken met 1 draadje

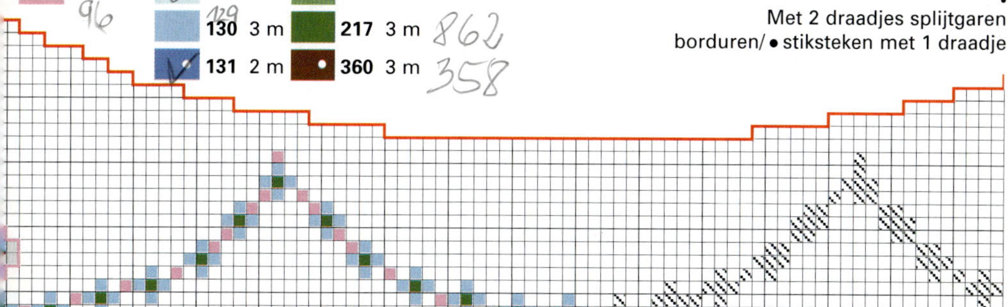

Design: 73065

Tischdecke • Tablecloth • Nappe • Tafelkleed

Sticktwist und Garnverbrauch in ganzen Strängchen
Amount of thread required in skeins
Fournitures et métrage
Benodigd garen in strengen

weiß • white • blanc • wit

	1	4 x		**261**	5 x
	275	3 x		**262**	3 x
	1003	1 x		**862**	1 x
	259	1 x			

Anchor von Coats Mez
Sticktwist

4-fädig sticken/• Konturen 2-fädig
•
Stitch using 4 strands of embroidery thread/
• use 2 strands for back-stitch
•
A broder avec 4 brins/• contours avec 2 brins
•
Met 4 draadjes splijtgaren borduren/
• stiksteken met 2 draadjes

Mit dem Sticken von der Ecke aus beginnen.
•
Use the diagonal line as a guide when counting and stitching the corner designs.
•
La ligne diagonale indique le centre du motif et sert à vous aider à compter et broder le dessin d'angle.
•
De hoekmotiven vanaf de diagonale lijn borduren.

RICO DESIGN

Bild • Picture
Tableau • Beeld

Sticktwist und Garnverbrauch in ganzen Metern
Amount of thread required in meters
Fournitures métrage • Benodigd garen in meters

weiß • white • blanc • wit

1	6 m
275	3 m
1003	2 m
259	3 m
• 261	6 m
262	4 m
• 862	2 m

2-fädig über 2 Gewebefäden sticken/ • Konturen 1-fädig

Stitch over 2 threads, using 2 strands of embroidery thread/ • use 1 strand for back-stitch

A broder sur 2 x 2 fils de trame, avec 2 brins de Mouliné/ • contours avec 1 brin

Met 2 draadjes splijtgaren over 2 weefseldraden borduren/ • stiksteken met 1 draadje

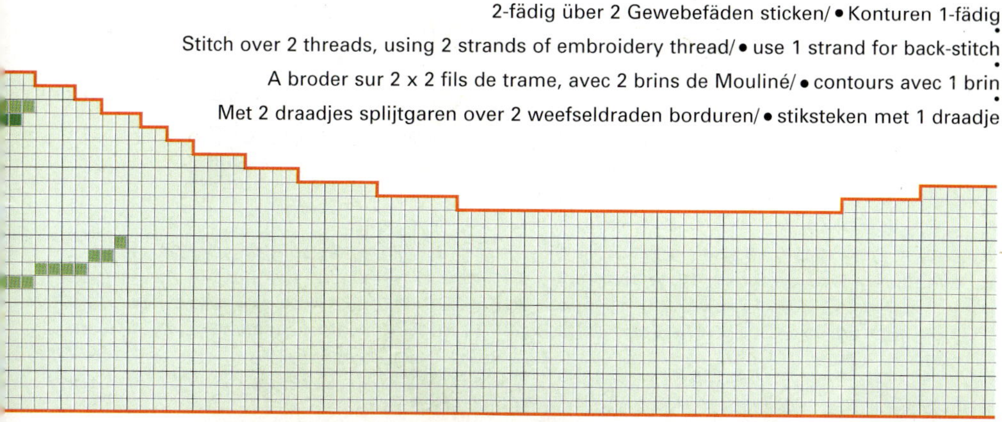

Design: 73062

Tischdecke/gelb • Yellow tablecloth • Nappe jaune • Tafelkleed/geel: **90/90 cm,** D: **Art. 17271.50.21**
Schleife • Bow • Noeud • Strikje: **12/170 cm,** A: **Art. 21174.08.05** weiß/gelb • white/yellow • blanc/jaune • wit/geel, S: **Art. 22015.06.45** gelb • yellow • jaune • geel, **Art. 22006.07.23** rot • red • rouge • rood, ✂ **120 cm**
Bild • Picture • Tableau • Beeld: **19/28 cm,** Q: **Art. 17276.15.94** gelb • yellow • jaune • geel, ✂ **29/40 cm**
Passepartout/Rahmen • Mount/frame • Passepartout/cadre en bois • Passepartout/houtenlijst: **Art. 05092.00.73**
Dekoration • Decoration • Décoration • Decoratie: **7/8 cm,** Q: **Art. 17231.11.94** weiß • white • blanc • wit, ✂ **10/10 cm** S: **Art. 22003.06.45** gelb • yellow • jaune • geel, ✂ **25 cm**

Schleife • Bow • Noeud • Strikje

Verbindungsband bis an die gegenüberliegende Schleife sticken.

•

Stitch the red stripe along the length of the band from the top of one motive to the other.

•

Broder la rayure rouge sur toute la longueur de la bande aida, du côté supérieur d'un motif jusqu'à l'autre.

•

Borduur de rode streep langs het hele band vanaf de bovenkant van een motief tot aan het motief op de tegenoverliggende kant.

Motiv-Mitte • centre of design • centre du motif midden van het motief

Dekoration • Decorations
Décorations • Decoraties

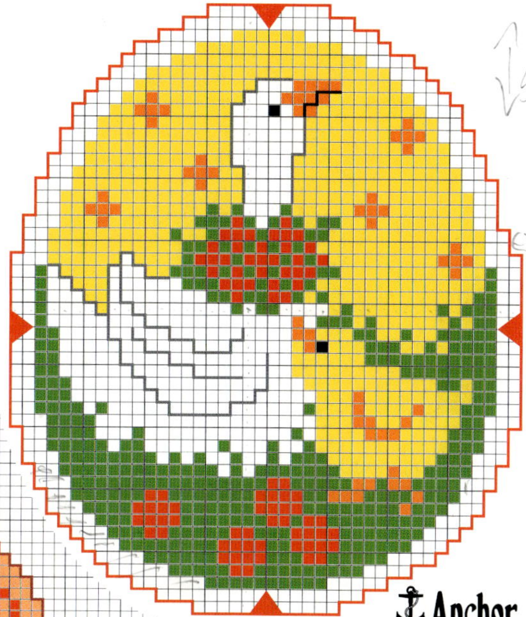

Motiv-Mitte
centre of design
centre du motif
midden van het motief

Anchor Sticktwist von Coats Mez

Sticktwist und Garnverbrauch in ganzen Metern • Amount of thread required in meters • Fournitures métrage • Benodigd garen in meters

	Schleife Bow Noeud Strikje	Dekoration Decorations Décorations Decoraties
297	11 m	3 m
323	3 m	—
330	6 m	2 m
46	10 m	2 m
20	3 m	—
267	4 m	3 m
235	2 m	2 m
403	3 m	2 m

2-fädig sticken/• Konturen 1-fädig

•

Stitch using 2 strands of embroidery thread/• use 1 strand for back-stitch

•

A broder avec 2 brins/• contours avec 1 brin

•

Met 2 draadjes splijtgaren borduren/• stiksteken met 1 draadje

Stickvorschlag für die eingewebten Streublümchen.
•
Embroidery suggestion for the inwoven flowers.
•
Exemple de broderie pour des petites fleurs damassées.
•
Borduurvorstel voor de ingeweven bloemetjes.

Design: 73062

Tischdecke • Tablecloth • Nappe • Tafelkleed

Sticktwist und Garnverbrauch in ganzen Strängchen
Amount of thread required in skeins
Fournitures et métrage
Benodigd garen in strengen

weiß • white • blanc • wit

1	7 x	**267**	5 x
297	2 x	• **398**	1 x
• **324**	2 x	**403**	1 x
46	2 x		

Anchor Sticktwist von Coats Mez

4-fädig sticken/• Konturen 2-fädig
•
Stitch using 4 strands of embroidery thread/
• use 2 strands for back-stitch
•
A broder avec 4 brins/• contours avec 2 brins
•
Met 4 draadjes splijtgaren borduren/
• stiksteken met 2 draadjes

Mit dem Sticken von der Ecke aus beginnen.
•
Use the diagonal line as a guide when counting and stitching the corner designs.
•
La ligne diagonale indique le centre du motif et sert à vous aider à compter et broder le dessin d'angle.
•
De hoekmotiven vanaf de diagonale lijn borduren.

RICO DESIGN

Bild • Picture • Tableau • Beeld
Sticktwist und Garnverbrauch in ganzen Metern • Amount of thread required in meters • Fournitures métrage • Benodigd garen in meters

weiß • white • blanc • wit

1	6 m	267	6 m
324	4 m	398	2 m
46	12 m	403	2 m

2-fädig sticken/• Konturen 1-fädig
•
Stitch using 2 strands of embroidery thread/• use 1 strand for back-stitch
•
A broder avec 2 brins/• contours avec 1 brin
•
Met 2 draadjes splijtgaren borduren/• stiksteken met 1 draadje

Zwischen den Motiven 22 Kästchen freilassen.
•
Leave 22 squares free between the motives.
•
Laisser 22 petits carreaux libres entre les motives.
•
Laat 22 hokjes vrij tussen de motieven.

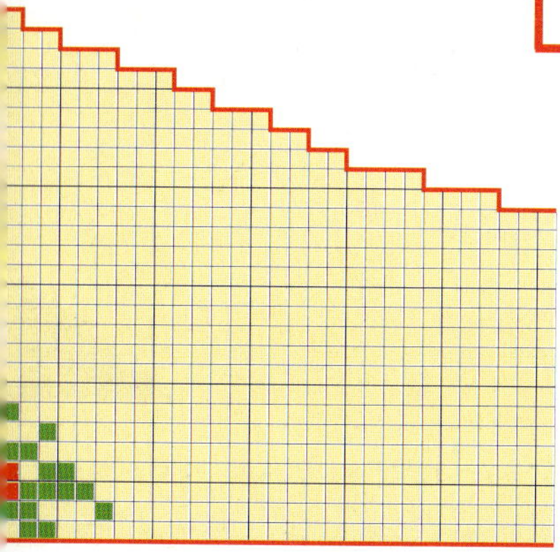

Design: 73058
Tischdecke/crème • Cream tablecloth • Nappe crème • Tafelkleed/crème: **90/90 cm,** D: **Art. 17269.50.21**
Schleife • Bow • Noeud • Strikje: **12/170 cm,** A: **Art. 21174.00.09** weiß • white • blanc • wit,
S: **Art. 22015.07.49** rosé • pink • rosé • roze, **Art. 22006.05.47** grün • green • vert • groen, ✂ **120 cm**

Design: 73061
Tischdecke/blau • Blue tablecloth • Nappe bleue • Tafelkleed/blauw: **90/90 cm,** D: **Art. 17270.50.21**
Kissen • Cushion • Coussin • Kussen: **40/40 cm,** Q: **Art. 17231.11.94** weiß • white • blanc • wit, ✂ **40/40 cm**
Q: **Art. 17019.11.98** blau • blue • bleu • blauw, ✂ **56/110 cm,** S: **Art. 22015.02.32** blau • blue • bleu • blauw,
✂ **110 cm**

Design: 73058

Tischdecke • Tablecloth • Nappe • Tafelkleed

Sticktwist und Garnverbrauch in ganzen Strängchen
Amount of thread required in skeins
Fournitures et métrage
Benodigd garen in strengen

weiß • white • blanc • wit

1	1 x		**260**	3 x
271	2 x		**261**	5 x
74	3 x		**262**	3 x
76	3 x		**246**	1 x

Anchor Sticktwist von Coats Mez

4-fädig sticken/ • Konturen 2-fädig
•
Stitch using 4 strands of embroidery thread/
• use 2 strands for back-stitch
•
A broder avec 4 brins/ • contours avec 2 brins
•
Met 4 draadjes splijtgaren borduren/
• stiksteken met 2 draadjes

Mit dem Sticken von der Ecke aus beginnen.
•
Use the diagonal line as a guide when counting and stitching the corner designs.
•
La ligne diagonale indique le centre du motif et sert à vous aider à compter et broder le dessin d'angle.
•
De hoekmotiven vanaf de diagonale lijn borduren.

RICO DESIGN

Schleife • Bow • Noeud • Strikje

Sticktwist und Garnverbrauch in ganzen Metern • Amount of thread required in meters • Fournitures métrage Benodigd garen in meters

weiß • white • blanc • wit

1	4 m
271	7 m
74	6 m
76	6 m
260	6 m
261	6 m
262	6 m

2-fädig sticken/• Konturen 1-fädig Stickbeginn: 10 cm von der Schnittkante

•

Stitch using 2 strands of embroidery thread/• use 1 strand for back-stitch. Begin stitching 10 cm from the cut edge.

•

A broder avec 2 brins/• contours avec 1 brin. Commencer la broderie à 10 cm du bord.

•

Met 2 draadjes splijtgaren borduren/• stiksteken met 1 draadje. Begin met borduren 10 cm vanaf de kant

Motiv-Mitte • centre of design • centre du motif midden van het motief

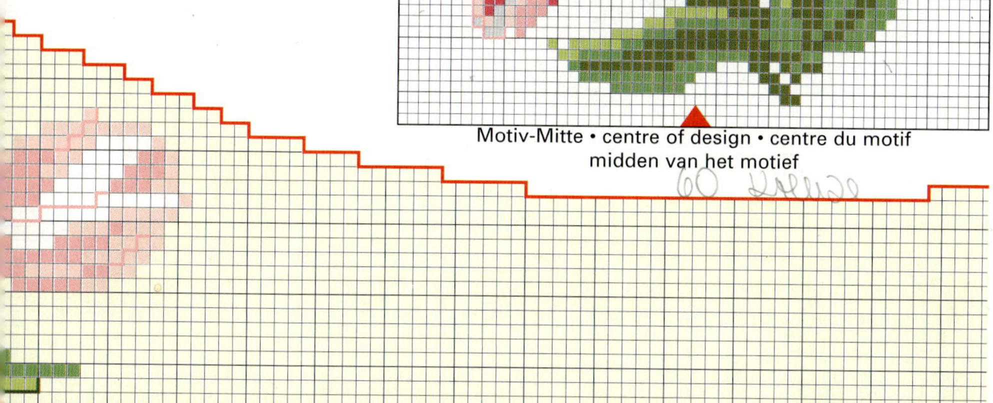

Design: 73061

Tischdecke • Tablecloth • Nappe • Tafelkleed

Sticktwist und Garnverbrauch in ganzen Strängchen
Amount of thread required in skeins
Fournitures et métrage
Benodigd garen in strengen

weiß • white • blanc • wit

(weiß)	**1**	4 x	•	**131**	2 x
	295	1 x		**215**	3 x
	128	2 x	•	**217**	3 x

Anchor von Coats Mez
Sticktwist

4-fädig sticken/ • Konturen 2-fädig
•
Stitch using 4 strands of embroidery thread/
• use 2 strands for back-stitch
•
A broder avec 4 brins/ • contours avec 2 brins
•
Met 4 draadjes splijtgaren borduren/
• stiksteken met 2 draadjes

Mit dem Sticken von der Ecke aus beginnen.
•
Use the diagonal line as a guide when counting and stitching the corner designs.
•
La ligne diagonale indique le centre du motif et sert à vous aider à compter et broder le dessin d'angle.
•
De hoekmotiven vanaf de diagonale lijn borduren.

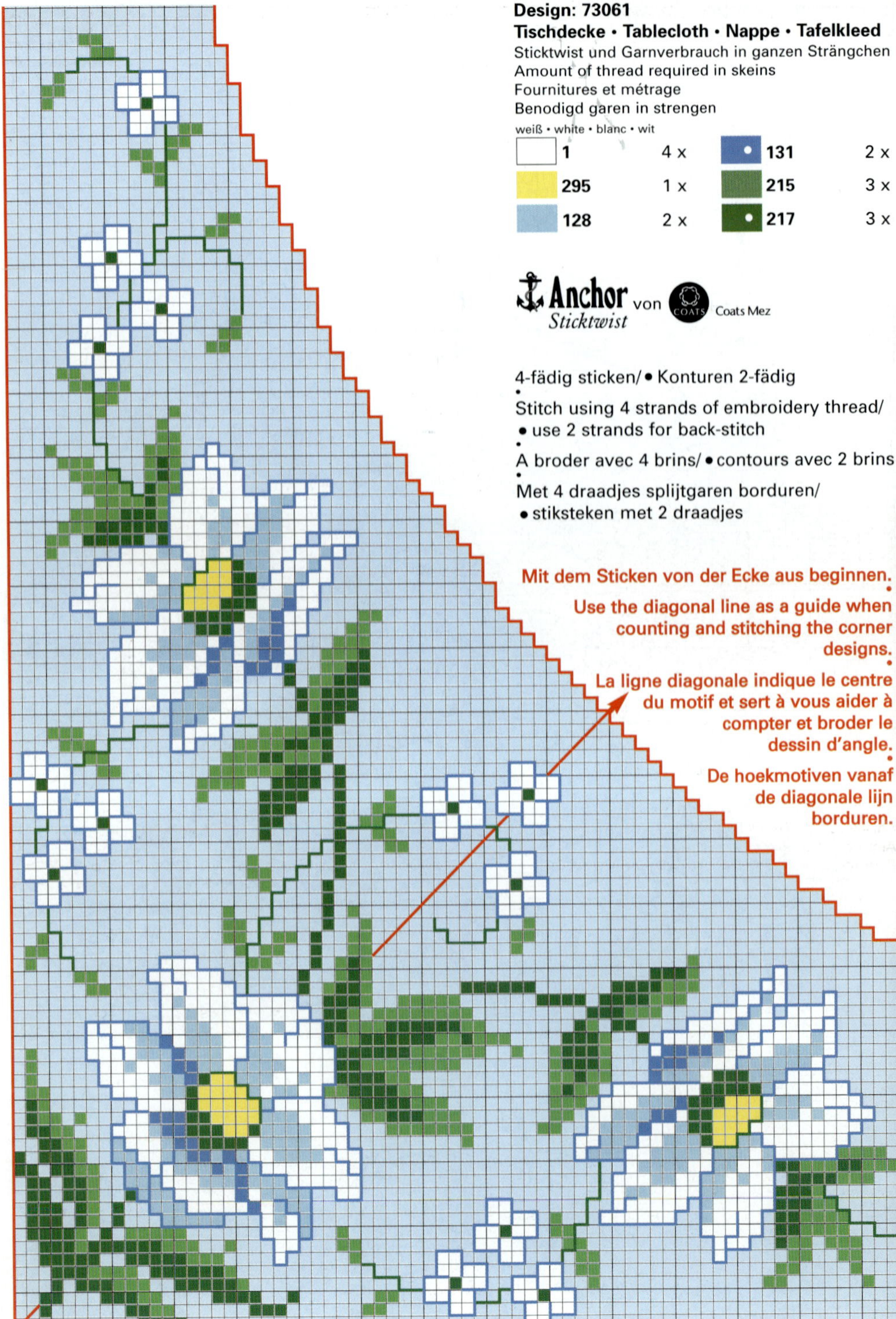

RICO DESIGN

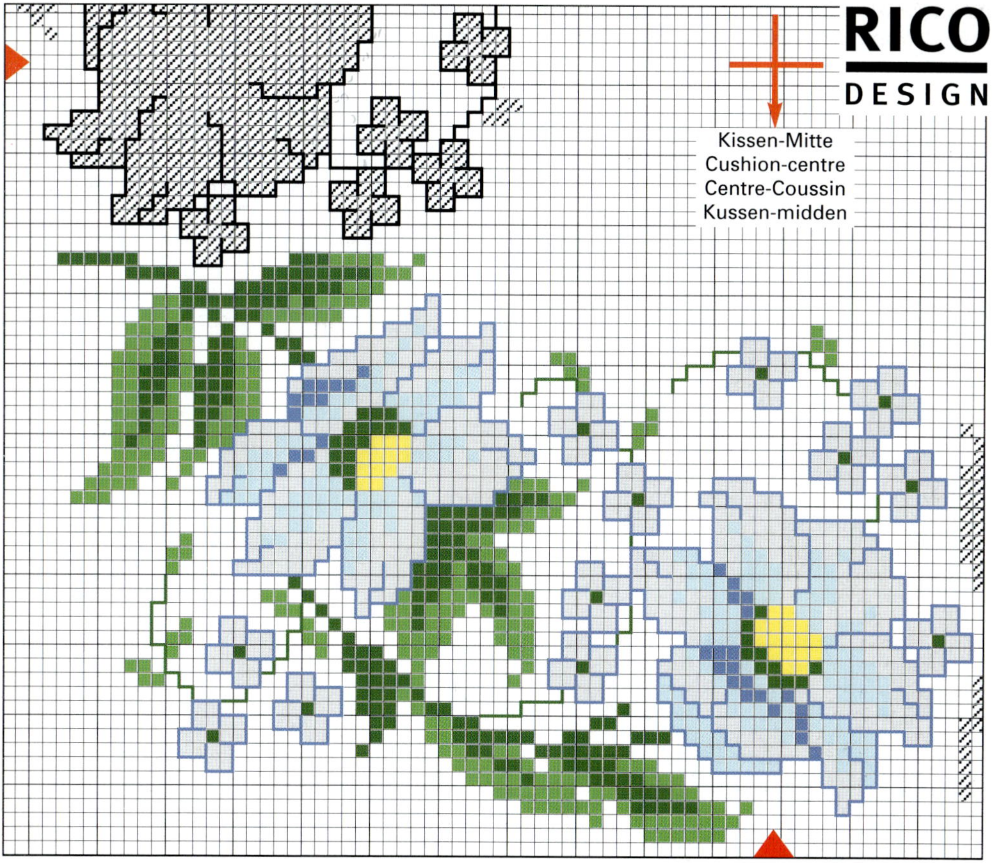

Kissen • Cushion • Coussin • Kussen

Sticktwist und Garnverbrauch in ganzen Metern
Amount of thread required in meters
Fournitures métrage • Benodigd garen in meters
weiß • white • blanc • wit

1	12 m	131	8 x
295	2 m	215	6 x
128	6 m	217	6 x

2-fädig sticken/ • Konturen 1-fädig
Nähanleitung Seite 36.

Stitch using 2 strands of embroidery thread/ • use 1 strand for back-stitch
Sewing instructions on page 36.

A broder avec 2 brins/ • contours avec 1 brin
Instructions de couture voir page 36.

Met 2 draadjes splijtgaren borduren/ • stiksteken met 1 draadje
Naai-instructies op pagina 36.

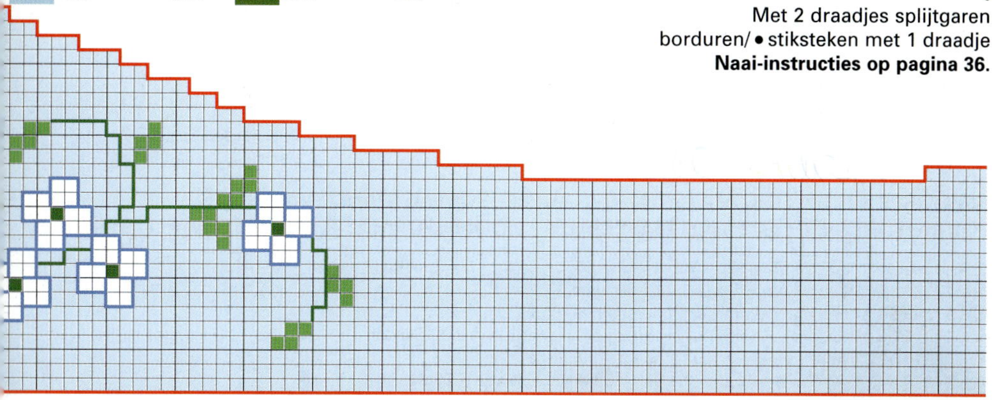

Nähanleitung für das Kissen • Sewing instructions for cushion
Instructions de couture pour le coussin • Naai-instructies voor het kussen

1.

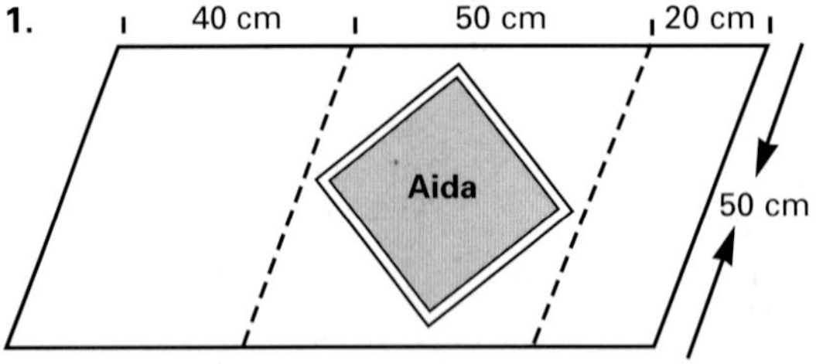

Den bestickten Aidastoff auf 26 cm im Quadrat zuschneiden. Vlieseline auf die Rückseite bügeln. Anschließend auf den Stoffzuschnitt bügeln und festnähen. Das Satinband auf den Aidastoff nähen. Nun nach folgenden Anweisungen zusammennähen.

•

Trim the embroidered aida down to 26 cm square. Iron vilene onto the back of the picture. Iron the embroidery on to the front of the cushion and sew it in place. Sew the ribbon on to the aida. Now assemble the cushion cover as follows.

•

Couper le devant brodé sur 26/26 cm. Fixer au fer la vlieseline au dos de la broderie, puis sur le coussin et faire la couture. Assembler le ruban sur l'aida. Confectioner le coussin comme suit.

•

Het geborduurde aida op maat 26/26 cm knippen. Vlieseline op de achterkant strijken. Borduurwerk op de voorkant strijken en vastzetten. Lint op het aidastof naaien. Het kussen als volgt in elkaar zetten.

2.

20 cm für die Kissenöffnung umschlagen. Die schmalen Stoffseiten auf der linken Seite je 3 cm umlegen und festnähen.

•

Turn down 20 cm for the opening. Turn both the short sides down 3 cm and hem.

•

Rabattre 20 cm pour l'ouverture. Rabattre les bords étroits et faire un ourlet de 3 cm.

•

Aan de lange kant 20 cm voor de opening omslaan. Aan de smalle kanten 3 cm omslaan en zomen.

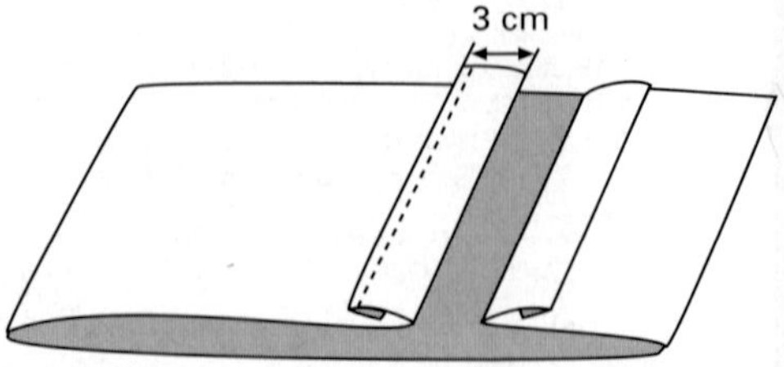

3.

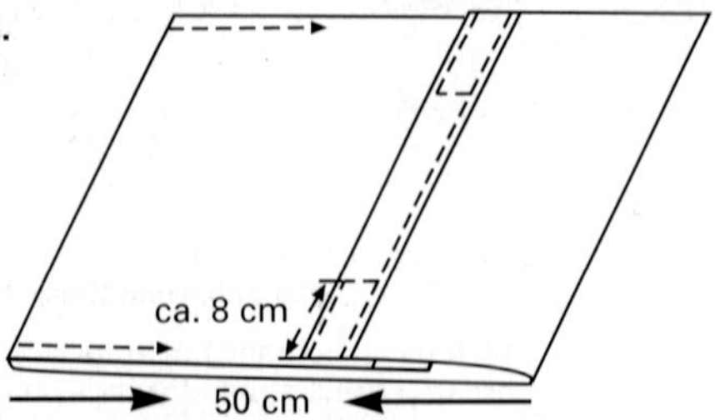

Nun die schmalen Stoffseiten versetzt auf 50 cm übereinander legen und die Seiten zusammennähen.

•

Lay the hemmed edges on top of each other, making sure the cushion is 50 cm square and close the seams.

•

Superposer les ourlets du dos en faisant attention que le coussin a le taille 50/50 cm et assembler.

•

De zoomnaden op 50 cm kantlengte op elkaar leggen en de kanten aan elkaar zetten.

4.

Die Kissenhülle auf die rechte Stoffseite wenden und auf der Vorderseite einen Spiegel von 4 cm absteppen.

•

Turn the cushion cover right side out and make the border by stitching all around the cushion cover parallel to the edge leaving 4 cm free from the outer edge.

•

Retourner le coussin. Faire la bordure en cousant tout autour du coussin à 4 cm du bord.

•

Draai het kussen en zet de achterkant. Aan de binnenrand, 4 cm vanaf de kant voorzijde en achterkant vastzetten.

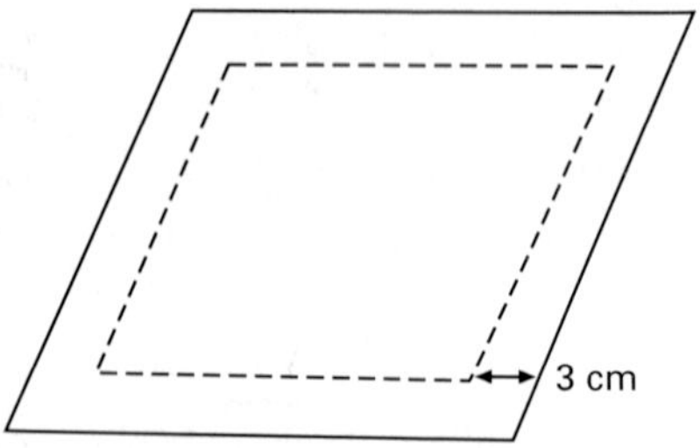

BEZUGSQUELLEN UND MATERIALANGABEN • SUPPLIES AND MATERIALS
FOURNITURES ET LISTE DES MATÉRIAUX • KOOPINFORMATIE EN MATERIAALIJST

D: Tischdecke/100 % Baumwolle • Tablecloth/100 % cotton • Nappe/100 % coton • Tafelkleed/100 % katoen
Art. 17268.50.21 weiß • white • blanche • wit – 90/90 cm
Art. 17269.50.21 crème • cream • crème • crème – 90/90 cm
Art. 17270.50.21 hellblau • pale blue • bleue pâle • lichtblauw – 90/90 cm
Art. 17271.50.21 gelb • yellow • jaune • geel – 90/90 cm
Art. 17272.50.21 reseda • pale green • verte pâle • lichtgroen – 90/90 cm